Deutsche Geschichte kinderleicht erklärt

Von den Germanen, über das Mittelalter und die Neuzeit bis zur Bundesrepublik Deutschland – Die spannende Geschichte Deutschlands für Kinder und Einsteiger

Lisa Weinberger

INHALT

Das erwartet dich in diesem Buch

Hast du dich schon einmal gefragt, warum wir unser Staatsjubiläum im November feiern, wenn doch der Zweite Weltkrieg im Mai endete? Oder warum wir so viele Wörter aus dem Lateinischen in unserer Sprache haben? Oder wer Karl der Große war und warum er so groß war? Ob es nur Könige gab oder vielleicht auch Königinnen?

Alle diese Fragen, und natürlich noch mehr, kann dir dieses Buch beantworten. Für uns ist es wichtig, zu wissen, woher wir kommen, was früher geschehen ist und auch heute noch unser – dein – Leben beeinflusst.

Michael Ende, ein bekannter Schriftsteller, hat einmal gesagt „Ohne Vergangenheit kann man keine Zukunft haben". Wer also die Vergangenheit mit allen ihren Fehlern und Erfolgen kennt, kann die Zukunft besser gestalten.

Außerdem wirst du feststellen, dass Geschichte unglaublich spannend ist. Vieles aus der Vergangenheit wird heute noch genutzt. Du hast zum Beispiel gerade ein Buch in der Hand oder hörst ein Audiobuch. Der Buchdruck wurde im Mittelalter in Mainz erfunden und auch früher wurde natürlich vorgelesen.

Wir beginnen sinnvollerweise am Anfang und arbeiten uns zum Heute hin. Natürlich gab es ganz am Anfang noch kein Deutschland – oder einen anderen Staat. Das Buch begleitet also die Entstehung unseres Landes von der Ur- und Frühgeschichte bis jetzt. Eine spannende und abwechslungsreiche Geschichte, denn über mehrere tausend Jahre ist so einiges passiert auf dem Gebiet, das wir heute Deutschland nennen.

Dabei kannst du auch jedes Kapitel einzeln lesen, je nachdem, was dich gerade am meisten interessiert. Dieses Buch ist dafür gedacht, dir einen ersten Überblick zu geben. Das heißt, dass du viel hören wirst von bekannten Menschen und Ereignissen und von langfristigen Entwicklungen. Kleinere Dinge können leider nicht im Detail erklärt werden, weil das Buch sonst viel zu dick werden würde. Trotzdem wirst du auch von den Kindern und einfachen Menschen lesen, denn sie bildeten die Basis für die Entwicklung zum Staat Deutschland.

Ur- und Frühgeschichte

URGESCHICHTE

Urgeschichte meint den Teil der Geschichte, aus dem wir keine schriftlichen Zeugnisse haben. Keine Briefe, keine Bücher. Kein Wunder, war doch weder Schrift noch Papier damals bereits erfunden. Diese Epoche der Menschheit wird erforscht von Archäologen, denn die einzigen Zeugnisse, die wir aus dieser Zeit haben, sind Werkzeuge, einige Begräbnisstätten und Höhlenmalereien. Die Urgeschichte wird aufgeteilt in verschiedene kürzere Zeitabschnitte. Diese wurden benannt nach dem Material, dass die ersten Menschen benutzten: die Alt- und Jungsteinzeit (Beginn vor 2,6 Millionen Jahren bzw.

vor 14.000 Jahren), die Kupfersteinzeit (5500 bis 2200 v. Chr.), die Bronzezeit (2200 bis 800 v. Chr.) und die Eisenzeit (ab 800 v. Chr. bis in das 5. Jahrhundert n. Chr.). Wenn dir jetzt auffällt, dass die Jahresangaben sich teilweise überschneiden – das ist völlig richtig so. Zum einen sind Datierungen auch heute mit modernster Technik noch schwierig, zum anderen sprechen wir hier von einem riesigen Gebiet, selbst wenn wir es auf das heutige Deutschland beschränken. Als im unteren Süden schon mit Eisen gearbeitet wurde, war es im Norden noch Bronze. Daher überlappen Jahresangaben immer ein wenig. Dies wird dir auch später noch auffallen.

Das Gebiet des heutigen Deutschlands war nicht immer besiedelt. Eiszeiten und Kaltzeiten vertrieben die frühen Menschen immer wieder. Der älteste Fund ist zwischen 500.000 und 600.000 Jahren alt und ist ein Stück Unterkiefer eines Homo Heidelbergensis, eine der frühen Arten des Homo sapiens. Auch die Neandertaler, eine weitere frühe Menschenart, lebte auf dem Gebiet. Die Menschen lebten in nomadischen Sippen, das bedeutet, dass Großfamilien zusammenlebten und sie keine feste Wohnstätte hatten. Sie zogen den Steppentieren hinterher, denn diese stellten die Basis ihrer Nahrungsversorgung dar. Ergänzt wurden die

Mahlzeiten mit wilden Früchten, Kräutern und Beeren. Der Ackerbau war noch nicht bekannt. Bis etwa 5500 v. Chr. blieb es bei dieser Kultur, dann entstanden in der sogenannten Jungsteinzeit erste bäuerliche Kulturen. Ackerbau und Viehzucht entstanden zusammen mit ersten festen Siedlungsplätzen.

Mit den festen Siedlungen lösten Häuser die Zelte ab. Diese ersten Häuser konnten sehr verschieden aussehen. Von auf hohen Pfählen gebauten Hütten an Seen, die so vor eventuellen Überflutungen geschützt waren, bis hin zu sogenannten Langhäusern.

FRÜHGESCHICHTE

Die Frühgeschichte grenzt sich von der Urgeschichte durch die Existenz von Schriftzeugnissen ab. Dabei zählt nicht, dass die Menschen selbst über sich geschrieben haben, es reicht schon, wenn über sie geschrieben wurde. Von den geheimnisvollen Seevölkern wissen wir etwa nur durch Aufzeichnungen von Kreta und aus Ägypten. Diese Periode der Geschichte beginnt in den verschiedenen Regionen sehr unterschiedlich. Für die Griechen etwa beginnt sie schon um 2000 v. Chr., für Rom erst um 753 v. Chr., dem angeblichen Gründungsjahr Roms. Dazwischen liegen etwa

1500 Jahre, wir sprechen aber bei beidem von dem Beginn der Frühgeschichte, auch wenn dieser Beginn weit auseinanderliegt.

In Mitteleuropa, spezifisch auf dem heutigen Gebiet der Bundesrepublik Deutschland, lässt sich der Beginn auch nicht exakt feststellen. Die meisten Bücher nehmen die ersten römischen Texte über die Bewohner Germanias als Marke für den Beginn der Frühgeschichte. In der mitteleuropäischen Frühgeschichte forschen verschiedene Disziplinen, also Forscher aus verschiedenen Gebieten der Geschichte. Archäologen suchen nach materiellen Zeugnissen, d. h. Werkzeug, Kleidung, Vasen, sogar ganzen Häusern. Historiker untersuchen die Beschreibungen und Briefe und andere Texte auf neue Informationen. Alle diese Dinge geben uns ein Bild vom Leben der Menschen zu dieser Zeit, jedes Teil ein kleines Stück des großen Bildes. Wie ein Puzzle kommen die Teile dann zusammen und ergeben, wenn es passende Teile und genug davon sind, das große Bild.

Die Germanen – wilde Barbaren?

Von den Germanen hast du vielleicht schon einmal gehört. Wilde Menschen, die immerzu kämpften. Aber stimmt das denn so?

Zuerst einmal, „die" Germanen gab es nie. Die ersten Beschreibungen dieses angeblichen Volkes sind uns von griechischen und römischen Autoren überliefert. Das bedeutet, dass die Germanen sich nicht selbst so nannten, sondern von anderen, nämlich den Römern und Griechen, so genannt wurden. Außerdem bedeutet es, dass wir alle unsere Informationen nicht von den Germanen selbst haben, sondern von ihren

Gegnern. Noch dazu basieren die Berichte nicht immer auf Dingen, die die Autoren selbst beobachtet haben. Oft haben sie von anderen Autoren abgeschrieben und dabei leicht verändert oder manchmal einfach ausgedachte Sachen aufgeschrieben.

Aber wer waren die Germanen? Die Germanen waren Menschen verschiedener Stämme, die in Mitteleuropa und dem südlichen Skandinavien lebten. In der Forschung wird über die Sprache bestimmt, ob ein Stamm zu den germanischen Stämmen zählte oder nicht. Ein Volk der Germanen, so wie wir heute Volk definieren, gab es nicht. Verschiedene Stämme konnten untereinander verbündet oder verfeindet sein und die Verhältnisse konnten auch immer wieder wechseln.

Für die Römer (, warum die Römer über die Germanen schrieben, wird im nächsten Kapitel erklärt) war Germania Magna, also das große Germanien, das Gebiet zwischen dem Rhein im Westen, der Donau im Süden, der Nordsee im Norden und der Weichsel im Osten. Dieses Gebiet war nicht römisch beherrscht.

Die Menschen lebten im Großfamilienverband, der Sippe. Zumeist siedelten sie in kleinen Dörfern, mit einem Langhaus und kleineren Wirtschaftsgebäuden. In dem einen Haus lebten alle Menschen zusammen, manchmal auch mit den Tieren, die in einem abgeteilten Bereich schliefen. Die Anwesenheit der Tiere trug in den Wintermonaten zusätzlich zum Heizen bei. Die Dörfer waren kaum befestigt, erst später entstanden vor allem im Grenzgebiet am Rhein befestigte Palisaden und Wälle.

Die Gesellschaft war patriarchalisch organisiert, das heißt, das Oberhaupt war immer männlich. In der Gesellschaft der Stämme war nicht jeder Mensch gleichberechtigt. Es gab Freie, Halbfreie, wie zum Beispiel Knechte, und andere Bedienstete und Sklaven, die überhaupt keine Rechte hatten. Die Frauen lebten mit der Familie ihres Vaters, bis sie mit der Heirat in die Familie des Mannes wechselten. Um sich zu ernähren, betrieben sie Ackerbau und Viehzucht. Ergänzt wurde dies durch Jagd, Sammeln und Handel mit anderen Stämmen. Die Kinder lebten nicht wie heute nur mit Mutter und Vater, sondern mit allen Erwachsenen der Sippe. Dabei waren sie von Anfang an in die Arbeiten eingebunden und lernten so ihre Aufgaben kennen.

Der römische Autor Tacitus beschreibt die Germanen als wilde Kämpfer, aber faule Bauern und Hauswirte. Die Männer würden, außer im Krieg, nur faulenzen und alle Arbeiten den Frauen, Kindern und Alten überlassen. Dazu ist es wichtig zu wissen, dass Tacitus die Germanen nicht selbst kannte – er zog seine Kenntnisse aus Caesars Beschreibungen aus dem Gallischen Krieg. In der Welt der germanischen Stämme gab es viele Götter, teilweise von Stamm zu Stamm verschiedene. Die tapferen Krieger kamen zum Gott Odin nach Walhalla, wo sie ewig ihre Siege feierten.

Die Germanen kannten keinen König, jede Sippe hatte ihren Anführer und im Falle eines größeren Konflikts schlossen sich verschiedene Sippen und manchmal auch verschiedene Stämme zusammen. In diesem Fall wurde ein Anführer für die Dauer des Krieges bestimmt. Erst im Lauf der Zeit entwickelte sich ein Königtum, wie wir es heute kennen. Noch heute kennen und benutzen wir die Namen einiger Stämme: die Friesen, die Franken und die Sachsen sind dir sicher ein Begriff. Das Wort Bayern stammt vom Wort Bajuwaren ab, so wurde der in diesem Gebiet ansässige Stamm genannt. Die Namen überdauerten die Entwicklung von einer Stammesgesellschaft zu verschiedenen Königreichen und schließlich zu Nationen.

Aber warum genau schrieben die Römer und Griechen so viel über die Germanen? Das römische Kaiserreich befand sich zu diesem Zeitpunkt in der Ausdehnung. Immer mehr Gebiete in alle Richtungen wurden erobert und besetzt. Diese Gebiete wurden dann als

Provinzen in das römische Reich eingegliedert, mussten Tribute zahlen und finanzierten damit das Reich.

Gaius Julius Caesar, der spätere Herrscher von Rom, führte um 50 v. Chr. Feldzüge und Kriege in Gallien, was in etwa dem Gebiet des heutigen Frankreichs entspricht. Trotz einiger Versuche seitens der römischen Legionen konnte auch Caesar keine dauerhafte römische Präsenz in Germanien, auf der anderen Seite des Rheins, aufbauen.

Seit dieser Zeit galt für die Römer der Rhein als die Grenze ihrer Herrschaft. Um den Frieden der Stämme im Grenzgebiet zu garantieren, nahmen die Römer Kinder aus den führenden Familien der Stämme mit nach Rom und erzogen sie dort als Römer. Diese Kinder sollten später als Erwachsene ihre Stämme im Sinne des römischen Reichs anführen und Rom damit langwierige Kriege ersparen. Eines dieser Kinder war der Junge Arminius, oder Herrmann, aus dem Stamm der Cherusker. Arminius kehrte im Jahre 7 n. Chr. nach Germanien zurück, nachdem er in Rom zum Offizier ausgebildet worden war. Im Jahre 9 n. Chr. schickte der römische Kaiser Augustus den Feldherrn Publius Quinctilius Varus mit drei Legionen (das sind etwa 15.000 bis 20.000 Männer) über den Rhein in das bisher unbeherrschte Germania Magna. Varus sollte über den Rhein setzen und von dort durch das Land der Cherusker bis an die Weser gelangen, um dieses Gebiet für Rom zu erobern. Arminius spionierte die Pläne des Statthalters Varus aus und führte dann einen Aufstand gegen die Herrschaft der Römer an. Varus, der mit seinen Legionen gerufen wurde, um den Aufstand zu beenden, wurde auf dem Weg dorthin von Arminius in einen Hinterhalt gelockt und vernichtend geschlagen. Arminius gelang es, alle römischen Befestigungen auf der rechten Seite des Rheins zu vernichten. Der Aufstand dauerte, mit mehreren Zeiten ohne aktive Kämpfe, bis in das Jahr 16 n. Chr. In diesem Jahr gab der Kaiser in Rom seine Versuche einer Eroberung Germaniens endgültig auf, auch wenn einige einzelne Lager und Marschrouten noch bis in das 2. Jahrhundert n. Chr. genutzt worden.

Ungefähr zu dieser Zeit begannen sich aus den vielen kleinen Stämmen größere Stammesgruppen zu bilden. Diese größeren Stammesverbände spielten weitere 200 Jahre später tragende Rollen in der Entstehung des römisch-deutschen Reichs. Für den Moment aber veränderte sich erst einmal die gesellschaftliche Zusammensetzung der Stämme. Im 3. Jahrhundert begannen die germanischen Großverbände, mehr Druck auf die römischen Besatzer auf der linken Seite des Rheins auszuüben. Mehr und mehr Angehörige germanischer Stämme siedelten sich dort an, nahmen Teile der römischen Kultur an und gaben Teile ihrer Sitten und Gebräuche an die Römer weiter.

Etwa 100 Jahre später begann etwas, das heute von der Forschung noch nicht ganz durchschaut wurde: die Zeit der Völkerwanderung. Auch, wenn der Name es andeutet, waren natürlich nicht ganze Völker auf der Reise, zumal es Völker im heutigen Sinne noch nicht gab, sondern gemischte Gruppen aus ganz Mittel- und Südeuropa. Was genau die Menschen in Bewegung setzte, ist nicht geklärt. Klar ist, dass Rom und das Weströmische Reich sich in Bürgerkriegen und Aufständen verzehrte und von Osten das Reitervolk der Hunnen in Europa einbrach. Die Zeit der Völkerwanderung dauerte ungefähr von 375 bis 568 und ist damit auch der Übergang zwischen der klassischen Antike und dem frühen Mittelalter.

Wenn keine Völker wanderten, wer war dann unterwegs? Einige der wandernden Gruppen waren kleinere oder größere Verbände von Kriegern auf Raubzügen, andere waren ehemalige Hilfstruppen des zusammenbrechenden römischen Reichs, die nach Land zum Siedeln oder einem neuen Herren Ausschau hielten. Dabei bildeten sich nach und nach eigene kleine

Reiche, da aus Rom keine Befehle mehr kamen und die Söldner ein Auskommen brauchten. Die dritte Gruppe bildeten Flüchtlinge, die vor dem Einfall der Hunnen ihre Gebiete im Osten verlassen hatten und nun auf neues Land hofften.

Auch in dieser Zeit des Übergangs und der Veränderung waren sich die germanischen Stämme nicht einig, auch wenn sie alle in Richtung Süden und Westen zogen. Kämpfe und Streitigkeiten untereinander verhinderten lange Zeit ein einheitliches germanisches Reich. Zu den Wanderungen und Bürgerkriegen kam der religiöse Umbruch: Das Christentum begann, sich zu verbreiten. Seit dem 4. Jahrhundert waren die Lehren des Jesus von Nazareth Staatsreligion im römischen Reich, nun begann der Siegeszug des Christentums auch im Gebiet der germanischen Stämme. Vor allem ein Mann trug in dieser Frühzeit des Christentums dazu bei: Chlodwig, ein Fürst des Stammes der Franken.

Chlodwig war ein kluger und skrupelloser Mann, dem es gelang, sich selbst in die Stellung eines Königs der Franken zu erheben. Die anderen Stammesfürsten ließ er ermorden, bestach oder bedrohte sie. Um 500 n. Chr. entstand so aus den Gebieten der Alemannen, Westgoten, Gallier und Burgunder das Frankenreich.

Dies markiert offiziell den Beginn des europäischen Mittelalters.

Das Mittelalter: Von Bauern, Rittern und Königen

Der Begriff des Mittelalters birgt dieselbe Problematik wie die anderen Namen für Epochen. Du erinnerst dich sicher an das Problem mit der Benennung der Bronze- und Eisenzeit? Auch das Mittelalter begann nicht einfach so und es begann nicht überall gleichzeitig oder zeigte überall dieselben Anzeichen.

Generell meint Mittelalter in etwa die Zeit zwischen 500 und 1500 n. Chr. Da dies ein langer Zeitraum ist, wird unterteilt in das Frühmittelalter (500 bis etwa 1000/1050), das Hochmittelalter (1000/1050 bis etwa 1250) und das Spätmittelalter (1250 bis 1500). Dieses Kapitel folgt dieser Aufteilung, denn obwohl die großen Entwicklungen sich über mehrere Zeiträume erstrecken können, ist es doch einfacher, kleinere Abschnitte zu verstehen.

Chlodwig hatte es also geschafft, sich als König an die Spitze der Franken zu stellen und ein Gebiet zu erobern, das in etwa dem heutigen Deutschland und Frankreich entsprach. Chlodwig war Angehöriger des Geschlechtes der Merowinger. Er und seine Nachfahren regierten das fränkische Reich über 200 Jahre. Chlodwig ließ sich zu Beginn des 6. Jahrhunderts christlich taufen. Dieses hatte mehrere Dinge zur Folge: Zuerst verringerte die Taufe die Spannung zwischen der Bevölkerung des gallischen Teils des Reichs, die größtenteils getauft war, und den Franken. Zum Zweiten begründete diese Taufe die Verknüpfung von weltlicher und geistlicher Herrschaft, also von König und Kirche. Dies gab dem König eine zusätzliche Stütze für seine Macht. Zuletzt ging mit dem Titel als christlicher König eine Verpflichtung zur Mission einher. Das bedeutet, dass der König das Christentum zu den Nicht-Christen inner- und außerhalb seines Reichs bringen sollte. Dies wiederum bot Chlodwig und den nachfolgenden Königen eine Berechtigung für weitere Eroberungen.

Chlodwig teilte das Reich unter seinen vier Söhnen auf, die es nach seinem Tod gemeinsam regieren sollten. Drei der Brüder starben, sodass das Reich wieder unter der Herrschaft eines Königs stand, zumindest, bis es nach dessen Tod von Bruderkriegen zerrissen wurde. Erst 613 n. Chr. wurde das Reich wieder vereinigt. Inzwischen hatten die Verwalter der Merowinger an Macht gewonnen. Die Könige des Mittelalters hatten keinen festen Palast, sondern reisten umher und herrschten von verschiedenen Orten aus. Da es noch keine zuverlässige Briefpost gab und die meisten Menschen sowieso nicht lesen oder schreiben konnten, mussten die Herrscher ihre Anordnungen direkt geben und sich die Bitten und Probleme der Menschen anhören können.

Da der König nicht immer am selben Ort, auch nicht auf seiner eigenen Burg, war, gab es die sogenannten Hausmeier, also Bedienstete, die die Geschäfte verwalteten. Diese Ämter umfassten bald mehr und mehr Macht, bis die Hausmeier der Merowinger das Reich faktisch selbst regierten – obwohl noch immer ein Merowinger auf dem Thron saß.

Einer der berühmtesten Könige des frühen Mittelalters ist Karl Martell, nur dass Karl kein König war. Zum Zeitpunkt seiner Regierung war er der Hausmeier der Merowinger, also der vom König bestellte Verwalter des Reichs. Das Amt des Hausmeiers musste Karl Martell sich erkämpfen, unter anderem durch die Belagerung von Köln, wo Karl Martells Stiefmutter den Königsschatz der Merowinger bewachen ließ. Karl Martell erzwang die Übergabe des Schatzes und ließ sich dann von Chlothar IV., dem letzten König der Merowinger, formell zum Hausmeier ernennen. Karl Martell vergrößerte das Frankenreich um Gebiete im heutigen Friesland und Sachsen. Auch die Alemannen wurden unterworfen, Thüringen und Mainfranken konnten dem Reich ohne Kämpfe eingegliedert werden. Zum Ende seiner Herrschaft erstreckte sich das Reich über das heutige Deutschland, Frankreich, Teile Spaniens und Italiens bis in den Balkan hinein und nach Polen.

Karl Martell regierte wie ein König, auch wenn er zumindest dem Gesetz nach keiner war. Karl begann die Praxis, Bischöfe und Äbte in Klöstern und Bistümern einzusetzen. Dieses Vorgehen sicherte ihm den Rückhalt der Kirche, denn natürlich wollten die Bischöfe und Äbte im Amt bleiben und nicht wieder abgesetzt werden. Die Verbindung mit der Kirche war es auch, die im Jahre 751 n. Chr. die Absetzung des letzten Königs der Merowinger möglich machte. Mit der Unterstützung des Papstes wurde Karl Martells Sohn, Pippin der Jüngere, von den Adligen zum König ernannt.

Damit begann die Herrschaft der Karolinger, benannt nach Karl Martell. Der bekannteste Karolinger ist Karl der Große. Er regierte von 768 bis 814 das fränkische Reich, das unter ihm seine größte Ausdehnung erreichte und zu einer Großmacht aufstieg. Unter Karls Führung wurden die Sachsen unterworfen und christianisiert. Dieser Krieg allein dauerte, mit einigen Unterbrechungen, 32 Jahre. Auch die Langobarden im Süden sowie die Dänen, Awaren und die Reste des Stammesherzogtums Baiern wurden unterworfen und dem Reich einverleibt. Das Frankenreich unter Karl dem Großen bildete den Mittelpunkt des lateinischen Christentums und, mit der Salbung Karls zum Kaiser zu Weihnachten 800 n. Chr., eine Erneuerung des Kaisertums in Westeuropa. Seiner Bildungsreform verdanken wir die Überlieferung liturgischer Bücher, den karolingischen Kalender und die Einrichtung von Kloster-Bibliotheken.

Auf Karl den Großen folgte sein Sohn Ludwig der Fromme als Kaiser, der sich Kämpfen mit seinen eigenen Söhnen stellen musste, die nach dem Tod Ludwigs das Reich formal teilten. Erst 885 wurde das Reich kurzfristig wieder vereint, aber schon 911 war die Herrschaft der Karolinger beendet. Acht Jahre lang regierte Konrad I., dann übernahm Heinrich I., der Herzog der Sachsen, die Königskrone.

Mit Heinrich I. beginnt die Herrschaft der Liudolfinger, die später Ottonen genannt wurden. Mit den Ottonen beginnt die Entstehung des Heiligen Römischen Reichs und der Aufstieg des ostfränkischen Reichs. Heinrich I. verteidigte sein Reich erfolgreich gegen die Ungarn und erreichte eine gewisse Stabilität des Reichs, indem er seinen Sohn Otto zum Nachfolger bestimmte. Zuvor waren die Könige von den Adligen gewählt worden, nun bestimmte der regierende König seinen Erben. Dies war ein großer Schritt auf dem Weg zur Stabilisierung des Reichs, denn es sollte Bruderkriege um den Königsthron verhindern, die das Reich auseinandergerissen hätten.

Über die Königsherrschaft im Mittelalter wird gesagt, es handele sich um eine Herrschaft ohne Staat. Was bedeutet das? Der König war das Oberhaupt des Reichs. Er war gleichzeitig der Herrscher, der oberste Richter, verantwortlich für den Frieden im Reich und höchste Entscheidungsgewalt. Es gab keine einheitliche Verwaltung, keine schriftlichen Gesetze und keine

Gleichheit der Menschen vor dem Gesetz. Die Ottonen herrschten wie ihre Vorgänger, als Reise-Kaiser. Zudem bauten sie die Verbindung zwischen König und Kirche weiter aus. Dies nennt man das Reichskirchensystem. Der König hatte das Recht, Bischöfe zu ernennen oder abzusetzen. Im Gegenzug für die Unterstützung des Königs, etwa die Beherbergung auf Reisen und das Stellen von Männern im Krieg, erhielten die Bischöfe Land und Grafenrechte, das bedeutet, dass sie ihr Land bewirtschaften und die Erträge behalten durften.

Unter Otto I. wurde das Reich um Teile Italiens vergrößert und die Außengrenzen im Osten gegen die Ungarn gesichert. Otto I. wurde 962 zum Kaiser gekrönt und erreichte eine Heirat seines Sohnes Otto II. mit Theophanu, der Nichte des byzantinischen Kaisers. Damit verband er die weströmische Kaiserwürde mit der oströmischen und eine verwandtschaftliche Verbindung zu der zweiten Großmacht Byzanz. Otto II. verlor Teile des Reichs an die Slawen und starb ohne erwachsenen Nachfolger. Otto III. war erst drei Jahre alt und seine Mutter Theophanu übernahm die Regierungsgeschäfte im Reich, bis er alt genug war zu regieren. Auf Otto III. folgte Heinrich II., der bis 1024 regierte und damit der letzte König des Frühmittelalters war. Er baute das Reichskirchensystem noch intensiver aus und musste weiterhin Konflikte mit Ungarn bestreiten.

Der Beginn des Hochmittelalters sah zuerst einen größeren Konflikt zwischen Kirche und König. Konrad II. stabilisierte die Macht des Königs, was seinen Nachfolger Heinrich III. selbstbewusster werden ließ, seine Macht auch gegen den Papst auszuüben. Mit Blick auf den Streit innerhalb der Kirche, in der es zu diesem Zeitpunkt drei rivalisierende Päpste gab, setzte Heinrich III. alle drei ab und erklärte Clemens II. zum Papst, der ihn im Gegenzug zum Kaiser krönte. Nicht alle Reichsfürsten waren mit dieser Form der Herrschaft einverstanden.

Unter Heinrich IV. eskalierte der sogenannte Investiturstreit. Die Kirche, allen voran der amtierende Papst, wollte ihre eigenen Kandidaten als Bischöfe sehen und sich nicht mehr von den weltlichen Herrschern bei der Auswahl und Einsetzung übergehen lassen. Heinrich IV. dagegen sah seine Machtstellung und die Unterstützung der Kirche schwinden und erklärte den amtierenden Papst für abgesetzt. Gregor VII. antwortete mit einem Kirchenbann. Dies bedeutete, dass Heinrich IV. effektiv aus der christlichen Gesellschaft ausgeschlossen wurde und das war die gesamte

Gesellschaft des Mittelalters. Heinrich IV. musste zur Burg Canossa pilgern und den Papst um Verzeihung bitten, um den Bann zu lösen. Dies ist der sogenannte Gang nach Canossa. Trotzdem setzte der König den Papst einige Jahre später erneut ab, wurde aber von seinem Sohn Heinrich V., der sich mit den Reichsfürsten gegen den Vater verbündete, abgesetzt. Nach dem Tod Heinrichs IV. erreichte sein Sohn Heinrich V. einen Ausgleich mit der Kirche, auch wenn die Machtstellung der Könige erheblich darunter litt.

Nachdem mit Heinrich V. die Dynastie der Salier geendet hatte, übernahmen ab 1138 die sogenannten Staufer die Macht und hielten sie bis zu Beginn des Spätmittelalters. Das 12. Jahrhundert war das Jahrhundert der Kreuzzüge, sowohl in Richtung Jerusalem als auch in den Osten des Reichs gegen die Slawen und Wenden und auch das Jahrhundert des Konflikts von Kaiser und Papst. Als es zu einer doppelten Kaiserwahl im Jahr 1197 kam, unterstützte der Papst einen dritten Kandidaten, den Staufer Friedrich II. Obwohl Friedrich II. sich schließlich durchsetzen konnte, setzte sich der Konflikt fort. Der Papst sprach einen Kirchenbann aus, den er später zurücknahm, und Friedrich II. entzog sich dem Zugriff des Papstes, indem er nach Jerusalem reiste. Selbst nach dem Tod des Kaisers kämpfte der

Papst weiter gegen die Staufer. 1268 endete die Dynastie mit dem Tod Konrads von Staufen.

In das Spätmittelalter fallen die großen Krisen des 14. Jahrhunderts. Drei Familien, die Luxemburger, Wittelsbacher und Habsburger, kämpften um die Vormacht im Reich. Außerdem kam es Hungersnöten, ausgelöst unter anderem durch das Wachstum der Bevölkerung in den vorhergehenden Jahren und einer einbrechenden Kältezeit, die die Ernten empfindlich verringerte. Das verheerendste Ereignis war sicher der Schwarze Tod, die Pestwelle, die 1348 bis 1353 ein Drittel der Bevölkerung tötete.

In die Zeit des Schwarzen Tods fallen die schwersten Pogrome gegen die jüdische Bevölkerung der mittelalterlichen Städte. Die Juden galten als Außenseiter und waren damit für die verängstigten Menschen die Sündenböcke für die schrecklichen Ereignisse. Die Kirche erlebte ebenfalls eine schwerwiegende Erschütterung: Das Große Abendländische Schisma, die Spaltung der weströmischen Kirche in zwei konkurrierende Fraktionen: Es gab einen Papst im französischen Avignon und einen Papst in Rom. Diese Spaltung konnte erst 1417 beendet werden, durch Intervention des Königs Sigismund von Luxemburg. Trotz all dieser Krisen wuchsen die Städte und wurden reicher und mächtiger, nicht zuletzt durch den florierenden Handel mit der Hanse.

Die Hanse war zuallererst eine Vereinigung von Kaufleuten, die sich zusammenschlossen, um ihre wirtschaftlichen Interessen durchzusetzen. Mit der Zeit entwickelte die Hanse sich zu einer wirtschaftlichen, politischen und kulturellen Großmacht, die Kriege führte, über Königswahlen bestimmen und durch ihre Verbindung mit dem Deutschen Orden eine militärische Bedrohung darstellen konnte. Die Hanse war vornehmlich im Raum der Nordsee und Ostsee aktiv, aber auch Köln war ein mächtiges Mitglied. Der Einflussbereich der Hanse reichte von Flandern, dem heutigen nördlichen Belgien, bis Reval im heutigen Estland. Der Handel der Hanse trug wesentlich zum Aufstieg der Städte als politische Mächte bei.

Im letzten Teil des Hochmittelalters erlosch die Königsmacht langsam. Zu Anfang des Spätmittelalters kam es sogar zu einer Zeit ohne König. Das sogenannte Interregnum, übersetzt „zwischen den Herrschenden", dauerte von 1254 bis 1273. Obwohl sogar zwei Könige gleichzeitig gewählt wurden, fühlten die Menschen des Reichs sich königslos – Richard von Cornwall, der erste gewählte König, hielt sich kaum im Reich auf, Alfons von Kastilien besuchte es nie.

Ab 1273 regierte der erste Habsburger König, Rudolf. Dieser erste König aus dem Haus Habsburg begünstigte die Entwicklung des Hauses zu einer der mächtigsten europäischen Dynastien. In dieser Zeit entwickelte sich auch aus einer Gruppe der mächtigsten Reichsfürsten die späteren Kurfürsten, die allein das Recht hatten, den König zu wählen. Schon jetzt begannen die Könige, sich mehr und mehr auf ihre Hausmacht zu stützen und nicht mehr auf die Autorität als König. Hausmacht bedeutet, dass sie sich auf den Besitz und die politische Macht ihres eigenen Hauses, also ihrer Familie, verließen. Die verschiedenen drei Häuser Wittelsbach, Luxemburg und Habsburg konkurrierten heftig um die Königswürde und arbeiteten gleichzeitig am Ausbau ihrer Hausmacht, um als König auch regieren zu können.

Ab 1378 begann der Aufstieg des Hauses Habsburg. Von 1438 an stellten sie für 300 Jahre den König des Heiligen Römischen Reichs. Unter Friedrich III. von Habsburg wurden die Beziehungen zwischen dem König und den Reichsgliedern, sprich den einzelnen Fürstentümern und adeligen Machthabern, enger. 1495 kam es zu einer tiefgehenden Reichsreform. Der sogenannte Landfriede beendete das Fehderecht des Mittelalters, mit dem Kammergericht entstand ein oberstes

Gericht des Reichs und mit dem Gemeinen Pfennig
kam eine erste allgemeine Reichssteuer. All dies sind
erste Vorläufer unseres heutigen Rechtsstaats. Außerdem wurde damit der Reichstag als Prinzip gefestigt:
Die Adeligen des Reichs mussten und sollten sich daran gewöhnen, miteinander zu arbeiten und gemeinsam Politik zu machen, anstatt einzeln Entscheidungen
zu treffen. Dieser Reichstag trieb die Staatsbildung
maßgeblich voran und markiert unter anderem den
Übergang zur Neuzeit.

Welche Punkte markieren den Übergang vom spä-
ten Mittelalter in die Neuzeit? Wie bei allen Abgren-
zungen von Epochen: Es kommt darauf an. Politisch
relevant waren sicher der Reichstag von Worms, die
(Wieder-)Entdeckung Amerikas 1492 oder die Eroberung Konstantinopels durch die Osmanen 1453 sowie
der Beginn der Reformation 1517. Kulturell sind es die
Erfindung des Buchdrucks und die Wiederentdeckung
der Antike als Vorbild, die sogenannte Renaissance. Du
wirst sehen, dass dieses Jahresangaben einen Zeitraum
von 64 Jahren haben. Dieses Buch startet das Kapitel
zur Neuzeit im Jahr 1500, was die klassische Angabe
von Historikern ist.

Die Neuzeit

Die Neuzeit umfasst den Zeitraum von 1500 bis 1918 und wird auch in die frühe Neuzeit von 1500 bis 1789 und die Neuzeit von 1790 bis 1918 eingeteilt. Im Jahr 1500 war der Habsburger Maximilian I. der römisch-deutsche König. Durch die Heirat seines Sohnes Philipp mit der spanischen Erbin kamen die Besitzungen und die Macht der spanischen Krone in den Besitz der Habsburger. Auch Böhmen und Ungarn wurden durch geschickte Heiraten dem Reich einverleibt. Das große Ereignis des 16. Jahrhunderts ist sicher die Reformation mit der Gegenreformation.

DIE FRÜHE NEUZEIT

Martin Luther, ein Augustinermönch, schlug 1517 seine 95 Thesen gegen den Ablasshandel an die Kirchentür in Wittenberg. Ablasshandel meint das Erkaufen des Seelenheils eines Menschen mit Geld. Luther war der Ansicht, dass allein die Gnadenzusage Gottes darüber entscheiden sollte, ob eine Seele nach dem Tod in den Himmel oder in die Hölle kam. Mit seinen Thesen löste Martin Luther die Reformation aus. Die Reformation meint die Aufteilung des westlichen Christentums in die verschiedenen Konfessionen katholisch, reformiert und lutherisch. Da König Karl V. sich auf Kriege an den Außengrenzen des Reichs konzentrieren musste, konnte er die Reformation nicht verhindern.

Zusätzlich zu den Wirren und Kämpfen, die durch Konflikte zwischen den drei Konfessionen ausgelöst wurden, kam es in den Jahren 1524 bis 1526 zum Bauernkrieg. Die Situation der Bauern hatte schon vorher zu Aufständen geführt, diese waren aber regional begrenzt gewesen. Der Bauernkrieg, so genannt, obwohl auch Bergleute und Städter beteiligt waren, tobte großflächig auf dem Gebiet des heutigen Süddeutschlands, Österreichs, Thüringens und der Schweiz. Die Bauernarmee wurde schon 1525 vernichtend geschlagen, kleinere Kämpfe tobten aber noch bis 1526. Zu den ersten Kämpfen zwischen den Konfessionen kam es erstmals 1546. Der katholische Kaiser Karl V. gewann zwar die Kämpfe, konnte aber seine Ziele nicht durchsetzen. Er musste 1556 den Thron räumen. Die spanischen Besitzungen der Habsburger gingen an seinen Sohn Philipp II., den römisch-deutschen Thron erhielt sein Bruder Ferdinand II. Dieser hatte bereits ein Jahr zuvor den Augsburger Religionsfrieden verhandelt. Dieser besagte, kurz gefasst, dass der Landesfürst das Recht hat, den Einwohnern seines Gebietes die Religion vorzuschreiben – war der Herrscher katholisch, mussten auch die Einwohner katholisch sein.

Während in Frankreich die Hugenottenkriege tobten, hielten Ferdinand II. und sein Nachfolger Maximilian II. es mit einer im Vergleich liberalen Religionspolitik. Trotzdem schlossen sich, um ihre Interessenwahrung zu sichern, 1608 die protestantischen Fürsten zur protestantischen Union zusammen und 1609 die katholischen Fürsten zur Katholischen Liga. Im zentralisierten Frankreich wollten die Könige den Katholizismus durchsetzen und erhalten, während im zersplitterten Deutschen Reich unter den einzelnen Landesfürsten verschiedene Konfessionen möglich waren. Unter Rudolf II. kam es 1568 bis 1648 zum achtzigjährigen Krieg, an dessen Ende die heutigen Niederlande und die Spanischen Niederlande, die später zu Belgien wurden, sich vom Heiligen Römischen Reich abspalteten.

Während der achtzigjährige Krieg schon lange wütete, brach ein weiterer Krieg aus, der als ein Religionskrieg begann, aber als Territorialkonflikt endete. Die Rede ist vom Dreißigjährigen Krieg, an dessen Ende in vielen Teilen des Reichs nur ein Drittel der Bevölkerung noch am Leben war. Der Krieg wurde ausgelöst durch den sogenannten Prager Fenstersturz, der der bisherige Höhepunkt des Aufstandes der böhmischen Stände war. Die Stände, nichts anderes als die böhmischen Adeligen, meist Protestanten, fühlten sich durch die von Kaiser Matthias verstärkte Gegenreformation in ihrer verbrieften Religionsfreiheit verletzt. Am 23. Mai 1618 warfen Vertreter der Stände die königlichen Statthalter sowie den Sekretär aus dem Fenster der Hofkanzlei. Die böhmischen Aufständischen konnten die protestantische Union für sich gewinnen, während die deutschen Habsburger sich an die Katholische Liga wandten.

Zusätzlich zum Krieg in Böhmen brach Spanien aus Flandern in das Reich ein, wo es protestantische Truppen erwartete, die aber nach anfänglichen Erfolgen vernichtend geschlagen wurden. Auch in den

Niederlanden begannen die Kämpfe erneut, nachdem Spanien weiterhin versucht hatte, die Unabhängigkeitsbestrebungen niederzukämpfen.

1623 erreichten die Kampfhandlungen Norddeutschland. Die Gründung der Haager Allianz 1625 zwischen Dänemark, den Niederlanden und England sollte den protestantischen Norden gegen den katholischen Kaiser sichern. Der Kaiser, der sich durch diese Allianz und deren Besetzung von Verden und Nienburg, die nicht zum ursprünglichen Gebiet der Dänen gehörten, bedroht fühlte, erhob Albrecht von Wallenstein zum Herzog und ließ ihn ein Heer von 24.000 Mann ausheben. Dieses Heer wuchs durch Verstärkungen aus anderen Landesteilen zum Jahresende 1625 auf 50.000 Mann an. Schon vier Jahre später musste Dänemark aus dem Krieg ausscheiden und einen Friedensvertrag unterzeichnen. Alle mit Dänemark verbündeten Adeligen wurden abgesetzt, außerdem mussten alle von den protestantischen Herrschern enteigneten kirchlichen Besitztümer erstattet werden – rückwirkend von 1555 an.

Das Edikt hätte der protestantischen Seite den Todesstoß verabreichen sollen, erneuerte aber ihren Widerstand und stellte damit einen Wendepunkt des Krieges dar. Ein weiterer Kriegsschauplatz war

Mantua, in dem Kaiser Ferdinand II. die Spanier unterstützte. Die dort eingesetzten Truppen fehlten am Ende
im Krieg im Deutschen Reich, zudem ging Mantua an
Italien verloren.

In Nordeuropa betrat nun Schweden den Kriegsschauplatz und konnte 1631 die katholischen Truppen
vernichtend schlagen und in der Folge bis nach Süd-
deutschland marschieren. Dort stellte Ferdinand II.
wieder ein Heer auf, um Böhmen und Bayern zu schüt-
zen. Erst 1634 konnten die Schweden geschlagen und
zum Rückzug gezwungen werden. Erst jetzt mischte
Frankreich sich aktiv in den Krieg ein und begann,
ebenfalls eigene Truppen auf das Gebiet des Reichs zu
schicken. 1637 starb der Kaiser und sein Sohn Ferdinand III. übernahm den Thron. Er drängte auf einen
friedlichen Ausgleich und die Beendigung der Kämpfe,
konnte sich aber nicht durchsetzen.

Erst 1640 war wieder ein gemeinsamer Reichstag
möglich, der den protestantischen Adeligen die Mög-
lichkeit der Repräsentation zurückgab. Trotzdem kam
es erst ab 1643 zu Friedensverhandlungen zwischen
dem Deutschen Reich, Frankreich und Schweden. Die
Verhandlungen dauerten 5 Jahre, während derer immer noch gekämpft wurde. Der Dreißigjährige Krieg
endete mit dem Westfälischen Frieden 1648. Das Reich

war verwüstet durch die Kämpfe, geplündert von umherziehenden Heeren und entvölkert durch Hungersnöte, Seuchen und Kriegstote. Neben verschiedenen Sonderregelungen für die Streitfragen der Religion und dem Aufstieg Schwedens zur Großmacht hatten dreißig Jahre Krieg und Kampf wenig Änderungen herbeigeführt. Das Heilige Römische Reich bestand nun aus 382 verschiedenen Territorien und war im Gegensatz zu den absolut regierten Reichen Frankreich und Spanien eine Mischform aus Monarchie und losem Staatenbund.

In der letzten Phase der frühen Neuzeit, vom Dreißigjährigen Krieg bis zur Französischen Revolution, musste sich das Reich zunächst regenerieren. Die Bevölkerungsverluste und die Zerstörungen des Krieges brauchten bis 1750, um wieder ausgeglichen zu werden. Um diese Verluste auszugleichen, musste der Kaiser stärker als zuvor in die Belange des gesamten Reichs eingreifen. Langsam, aber sicher entstand so der Absolutismus, wie er in Frankreich und Spanien bereits herrschte.

Außerhalb des Reichs begann der schnelle Aufstieg einer weiteren Macht: Brandenburg-Preußen unter Kurfürst Friedrich Wilhelm sollte die Politik des Deutschen Reichs bis weit in das 19. Jahrhundert hinein bestimmen. Von 1658 an regierte Kaiser Leopold I., der das Reich gegen die Osmanen und die französische Expansion verteidigen musste. Nachdem er 1683 die Osmanen bei Wien vernichtend schlagen konnte, musste er im Westen anerkennen, dass Frankreich Gebiete im Elsass und Straßburg besetzt hatte. Dies wurde vorübergehend geduldet, da der Kaiser sich keinen Zweifrontenkrieg leisten konnte. In Spanien starb die Habsburgische Linie 1701 aus, was den Spanischen Erbfolgekrieg auslöste. Im selben Jahr krönte der preußische Kurfürst Friedrich sich selbst zu König Friedrich I. von Preußen. Da Kaiser Leopold I. dringend Truppen für den Krieg in Spanien benötigte, erkannte er Friedrich I. als König an – gegen die Zahlung von 200 Millionen Talern und Truppen für die Reichsarmee.

Der Krieg endete mit dem österreichischen Haus Habsburg als Großmacht: Zusätzlich zu den vorherigen Besitzungen fielen die Spanischen Niederlande, das Herzogtum Mailand und die Königreiche Neapel und Sardinien an Habsburg. 1740 starb das Haus Habsburg im Mannesstamm aus. Dies bedeutet, dass es keinen männlichen Erben mehr gab. Es gab aber Maria Theresia, die Tochter des letzten Habsburger Kaisers Karl IV. Sie verteidigte die Kaiserkrone mit britischer

Hilfe und schaffte es, ihren Mann Franz I. 1745 zum Kaiser krönen zu lassen. Schlesien wurde der aufstrebenden Großmacht Preußen einverleibt, das unter Friedrich dem Großen an Macht und Land gewann.

Die Aufklärung begann nun, im Deutschen Reich Fuß zu fassen. Vernunft und rationales Denken sollten Schwierigkeiten beseitigen anstelle roher Gewalt. Die Naturwissenschaften gewannen an Bedeutung und Bildung, Frauenrechte und Menschenrechte begannen, als Themen relevant zu werden. Die Bürger hatten sich als Stand zwischen den Bauern und den Adligen entwickelt. Sie forderten immer selbstbewusster ihre Rechte ein, die ihnen von Adel und König verweigert wurden. Dieser Konflikt gipfelte 1789 in der Französischen Revolution. Am 14. Juli 1789 stürmten Pariser Bürger das Gefängnis Bastille. Dies war der Auftakt zum Kampf für eine konstitutionelle Monarchie und die Bürgerrechte. Mit der Französischen Revolution beginnt nicht nur die Neuzeit, sondern auch das sogenannte „Lange 19. Jahrhundert".

DIE „SPÄTE" NEUZEIT

Das „Lange 19. Jahrhundert" beschreibt die Zeit von 1789 bis 1914. Die Entwicklungen dieser Zeit können nicht getrennt voneinander betrachtet werden, daher werden sie in der Geschichtswissenschaft als ein langer, zusammenhängender Zeitraum behandelt.

Die Französische Revolution wurde von den Herrschern im, wie es nun genannt wurde, Heiligen Römischen Reich Deutscher Nation, mit Misstrauen beobachtet. Die aus Frankreich geflohenen Adeligen schürten die Stimmung weiter gegen die Revolution. Aus den Kämpfen in Frankreich ging Napoleon Bonaparte als Sieger hervor. Durch militärische Erfolge und geschicktes politisches Taktieren machte er sich 1804 zum Kaiser der Franzosen.

Das immer noch nicht einheitlich organisierte Reich war nur in der gemeinsamen Sprache und Kultur eine Einheit. Staatlich war das Reich immer noch ein loser Bund aus Teilstaaten, zusammengehalten von der Regentschaft des Kaisers. 1804 war dies Franz II. von Habsburg-Lothringen, der letzte Kaiser des Heiligen Römischen Reichs. Napoleon begann, das Reich neu zu ordnen. Alle Besitztümer auf der französischen Seite des Rheins fielen 1801 an Frankreich, 1806 besiegte er Preußen und zog als Sieger in Berlin ein.

Das Heilige Römische Reich Deutscher Nation endete mit der Gründung des Rheinbunds im Juli 1806. 16 deutsche Fürsten schlossen sich zusammen, verbündeten sich mit Napoleon und sagten sich damit vom Reich los. Franz II. dankte als Kaiser ab, womit das Reich endgültig der Vergangenheit angehörte. Das mächtige Preußen wurde mit dem Frieden von Tilsit entscheidend geschwächt, erhielt aber auch neue Impulse, die sich in den preußischen Reformen äußerten. Militär, Wirtschaft und Bildungswesen wurden umstrukturiert, obwohl Preußen geografisch fast halbiert wurde, sollten die Reformen dem preußischen Reich neuen Glanz geben.

Während Preußen seine Reformen umsetzte, schlugen Napoleons Besetzung nach anfänglicher Neutralität und auch Begeisterung nun offener Hass entgegen. Nachdem Napoleon Bonaparte sich in seinem gescheiterten Russlandfeldzug geschwächt hatte, begannen die Befreiungskriege, in denen Russland, Preußen und Österreich am Ende in der Völkerschlacht bei Leipzig im Oktober 1813 Napoleons Besatzung beendeten.

Ein Reich entsteht und vergeht

Ab 1814 begannen die europäischen Herrscher auf dem
Wiener Kongress, Europa nach all den Zerstörungen
wieder zu ordnen. Das drängendste Problem war es, einen Kompromiss zu finden zwischen der totalen Zer-
splitterung in viele kleine Reiche, was die deutschen
Fürsten nicht wünschten, und einem Großreich, das
die ausländischen Herrscher ablehnten.

Der Kompromiss war der Deutsche Bund, in dem
sich die Fürsten und Städte Deutschlands sowie der
König von Preußen, der Kaiser von Österreich und die
Könige der Niederlande und Dänemarks einigten. Dieser Staatenbund umfasste 41 Mitglieder und verfügte
über einen Gesandtenkongress, der ständig tagte, in
Frankfurt am Main. Die Beschlüsse des Wiener Kon-
gresses waren hauptsächlich restaurativ, das heißt, sie
versuchten, den Vorkriegszustand wiederherzustellen.

Zusätzlich zum Deutschen Bund schlossen Friedrich Wilhelm III. von Preußen, Zar Alexander I. von
Russland und Kaiser Franz I. von Österreich die sogenannte Heilige Allianz, die den Frieden in Europa
durch die Selbstverpflichtung der Mitglieder auf den
Grundsatz der christlichen Nächstenliebe sichern
sollte. Bis auf den Vatikan, das Osmanische Reich und

Großbritannien traten die europäischen Staaten nach und nach dem Bündnis bei.

Der Wiener Kongress sorgte auch für revolutionäre Stimmung im Deutschen Bund. Friedrich III. von Preußen hatte seinen Untertanen mehrfach versprochen, Preußen zu einem Verfassungsstaat zu machen, im Gegensatz zur absoluten Macht, die der König jetzt hatte. Gerade die vielen Freiwilligen, die in den Befreiungskriegen gekämpft hatten, waren sehr unzufrieden damit. Die Stimmung kippte vor allem rund um die neu entstandenen studentischen Burschenschaften, die nun Forderungen nach konstitutionell verbriefter Freiheit, nationaler Einheit, der Eingrenzung des Polizeistaates und gegen die feudal organisierte Gesellschaft stellten.

Das Wartburgfest 1817 verstärkte die Aufbruchstimmung unter den Studenten. Während des Festes entstanden 35 Grundsätze und 12 Beschlüsse, die sich mit Bürgerrechten, Verfassungen, Rede- und Pressefreiheit und Zensur befassten. Unter Fürst von Metternich wurden 1819 die Burschenschaften verboten. Die Karlsbader Beschlüsse führten zu noch strikteren Regeln: Die Universitäten wurden an der freien Lehre gehindert und überwacht, um staatsfeindliche Lehre zu verhindern. Burschenschaften und politische

Vereinigungen jedweder Art wurden verboten. Diese Zeit nennt man die Biedermeier-Zeit. Das öffentliche Leben wurde entpolitisiert, Kunst, Geschichte und Naturwissenschaften wurden wichtiger als zuvor, da man sich damit sicher beschäftigen konnte, ohne in den Blick der Geheimpolizei zu geraten.

Revolutionen und Aufbruch

Im Juli 1830 kam es zur Revolution in Frankreich, im November folgte der Aufstand Polens gegen die Vorherrschaft der Russen. In Deutschland kam es erst 1832 wieder zu einer offenen politischen Bewegung, mit dem Hambacher Fest, auf dem Fahnen in den deutschen Farben geschwenkt wurden und die Anwesenden sich zu einem demokratischen und geeinten Deutschland bekannten. Das Hambacher Fest und auch der Widerstand der Professoren der Göttinger Sieben zeigte, dass der Status als Monarchie und immer noch ständisch geordneter Gesellschaft nicht dauerhaft zu halten war.

Die Rheinkrise 1840 führte die deutschen Bürger und König Friedrich Wilhelm IV. noch einmal zusammen: Frankreich erhob Ansprüche auf die deutschen Gebiete links des Rheins und wollte den Rhein als deutsch-französische Grenze ausrufen. Bürger wie König ergriffen die Gelegenheit, den Widerstand gegen die französischen Bestrebungen als Kampf einer geeinten Nation darzustellen. Friedrich Wilhelm IV. übersah dabei, dass nicht nur die politischen Forderungen der Bürger und seine eigenen nicht eingelösten Versprechen den Deutschen Bund langsam zerbrechen ließen. Seit dem Ende der Befreiungskriege war die Bevölkerung angewachsen und die Produktion der Landwirtschaft konnte damit nicht Schritt halten. Armut und Hunger waren die Folge, verstärkt durch geringe Getreideernten und die Kartoffelfäule.

Auch diesmal gingen die Unruhen von Paris aus: Die Februarrevolution 1848 traf auf eine unzufriedene Bevölkerung, den Wunsch nach Veränderung und die Bereitschaft zur Revolution. Im März brannten in Berlin Barrikaden, es kam zu Kämpfen und zu Toten. Friedrich Wilhelm IV. sah sich gezwungen, eine Volksvertretung zu befürworten, wenn auch auf ständischer Grundlage. Dies bedeutete, dass immer noch nur der Adel in der Regierung vertreten war. Sogenannte Märzregierungen wurden ernannt und Gesandte in den Bundestag geschickt. Aus dem Bundestag entstand ein Vorparlament, das den so erneuerten Bundestag beraten durfte.

Im Mai 1848 wurde die Frankfurter Nationalversammlung gewählt, die einen Verfassungsentwurf erarbeiten sollte. Stattdessen begann schon im Juni eine vorläufige Reichsregierung ihre Arbeit und die Nationalversammlung begann mit dem Erlass von Reichsgesetzen und dem Bau einer Flotte – der ersten gesamtdeutschen Flotte überhaupt.

An dieser Stelle stellte sich die Frage nach den Grenzen des neuen Staates. Es gab die sogenannte großdeutsche Lösung, die einen deutschen National-staat mit Österreich als politischer Führung und den Grenzen des Deutschen Bundes plus Österreich vor-sah. Beschlossen wurde trotzdem die kleindeutsche Lö-sung, die aus allen Mitgliedern des Deutschen Bundes, ohne Österreich, unter preußischer Herrschaft be-stand. Der preußische König wurde von der National-versammlung zum Kaiser gewählt, die er im April 1849 ablehnte. Die Mitgliedschaft in der Versammlung wurde nun von den meisten Herrschern verboten, Ab-geordnete, die sich nicht daran hielten, wurden ver-folgt, letzte Aufstände wurden niedergeschlagen.

Es blieb bei einem Gedankenanstoß. Die in der Paulskirchenverfassung beschlossenen Grundsätze wurden später in der Weimarer Verfassung und in un-serem heutigen Grundgesetz verwirklicht.

1850 wurde der Deutsche Bund erneuert und die revolutionären Ideen der Aufständischen wieder verbannt. Die Zeit von 1850 bis 1914 stand im Zeichen der Industrialisierung, der Gründung des Deutschen Kaiserreichs und der Weltmachtbestrebungen.

Die industrielle Revolution meint den Übergang von der Handanfertigung von Einzelteilen zur industriellen Massenfertigung mit Maschinen. Durch die höhere Anzahl an gefertigten Waren kam der Handel in Schwung, begünstigt durch die Gründung des Deutschen Zollvereins über die Grenzen Preußens hinaus. Das Eisenbahnnetz wurde verstärkt ausgebaut, sowohl was das Schienennetz als auch die Herstellung von Zügen anging.

Österreich, das mit Preußen um die Vormachtstellung im Deutschen Bund konkurrierte, fiel in dem wirtschaftlichen Wettrennen immer weiter zurück. Obwohl Österreich auch gern am Deutschen Zollverein beteiligt gewesen wäre, erfüllte sich dieser Wunsch nicht, denn Preußen lehnte eine Beteiligung Österreichs strikt ab. Österreich war zwar die Präsidialmacht im Deutschen Bund, konnte daraus aber außenpolitisch kein Kapital schlagen, wenn Preußen nicht mitzog: Sowohl der Krimkrieg als auch den zweiten italienischen Unabhängigkeitskrieg verlor Österreich teils mit erheblichen Gebietsverlusten.

Ab 1862 betrat Otto von Bismarck die politische Bühne als preußischer Ministerpräsident. Bismarcks erklärtes Ziel war eine preußische Führung in Deutschland. Seine Bemühungen gipfelten im Deutschen Krieg 1866, dem Kampf Preußens gegen Österreich, den Preußen klar für sich entscheiden konnte. Der Deutsche Bund wurde aufgelöst, der Norddeutsche Bund entstand neu unter Preußens Führung.

Der Norddeutsche Bund zielte von Anfang an auf ein preußisches Kaiserreich. Die Gesetzgebung wurde zentralisiert, die süddeutschen Staaten waren auf Preußen angewiesen, um ihre Waren in die norddeutschen Häfen schaffen zu können.

1870 provozierte Bismarck einen Krieg mit Frankreich, indem er ein Telegramm über ein Gespräch zwischen dem französischen Botschafter und König Wilhelm von Preußen gekürzt an die Presse weitergab. Frankreich hatte entsprechend die Wahl zwischen einem Krieg und einem politischen Machtverlust. Der Krieg dauerte nur ein Jahr und Preußen ging daraus als Sieger hervor. Der Sieg Preußens veranlasste die süddeutschen Staaten, nun doch zum 01. Januar 1871 dem Norddeutschen Bund beizutreten. Am 18. Januar wurde Wilhelm I. in Versailles zum Deutschen Kaiser ausgerufen. Der Norddeutsche Bund war damit Geschichte, das Zweite Deutsche Reich entstand.

Erst im März wurde das Volk in die Vorgänge einbezogen. Die erste Reichstagswahl fand am 03. März 1871 statt. Ein Fünfparteiensystem war schon nach der Revolution 1848 entstanden, diese standen nun auch zur Wahl: Sozialisten, Katholiken, rechte Liberale, Konservative und linke Liberale. Die am stärksten wachsende Partei waren die Sozialdemokraten, konnten sie doch auf die zahlenmäßig starke Arbeiterschaft im Reich als Mitgliederbasis zurückgreifen.

Bismarck selbst war der Ministerpräsident und entwickelte großes Geschick darin, seine Interessen mithilfe von wechselnden Unterstützern aus den Parteien durchzusetzen. Gestützt wurde seine Macht durch das Vertrauen, das Kaiser Wilhelm I. offen in ihn setzte. Bismarcks Programm war geprägt von Gegensätzen: Liberale Wirtschaftspolitik und ein Einschränken der Macht der katholischen Kirche trafen auf das Erhalten der gesellschaftlichen Verhältnisse und Hierarchien. Er verbot die sozialdemokratische Bewegung, die hauptsächlich von Arbeitern getragen wurde, entwickelte aber die erste Sozialversicherung, die die Arbeiter gegen Krankheit, Unfälle und für die Rente absichern sollte. Die Grundlagen seiner

Sozialgesetzgebung wirken bis heute in unseren Gesetzen nach. Nachdem sich Frankreich, Russland und Großbritannien gegen Preußen verbündet hatten, sorgte Bismarck für ein Bündnis mit Österreich-Ungarn. Die deutschen Kolonien in Afrika dagegen fanden in seiner Politik so gut wie keine Beachtung: Sie waren kaum zu verteidigen, hatten keinen politischen Wert, konnten aber allein durch ihre Existenz das Deutsche Reich in Kriege verwickeln.

Bismarck konnte seine Machtposition bis 1888 halten. In diesem Dreikaiserjahr starb zunächst Wilhelm I., dann sein Sohn Friedrich III., bis mit Wilhelm II. der letzte deutsche Kaiser den Thron bestieg. Wilhelm II. entließ Bismarck über Streitigkeiten um innenpolitische Angelegenheiten. In dem nun folgenden wirtschaftlichen Abschwung erhoben sich die alten Vorurteile. Neben den Sozialdemokraten, die aufgrund ihrer politischen Meinung politisch diskriminiert wurden, entstand ein neuer, organisierter Antisemitismus. Parteien, die einzig Antisemitismus als Programm hatten, gründeten sich; Bücher, Abhandlungen und Petitionen mit antisemitischem Inhalt wurden verfasst.

Die schwierige wirtschaftliche Lage änderte sich um 1890, als das Deutsche Kaiserreich sich auf dem zweiten Platz im Welthandel und der

Weltindustrieproduktion wiederfand. Das Kaiserreich blühte wirtschaftlich auf, Kaiser Wilhelm II. nutzte dies hauptsächlich für die Aufrüstung seiner Flotte und versuchte beständig, die Kolonien zu erweitern, obwohl beides einer sicheren Außenpolitik entgegenstand.

Die Aufrüstung der Flotte verärgerte England, dass sich von Wilhelms Flottenprogramm provoziert fühlte. Nachdem sich schon Frankreich und Russland verbündet hatten, war es politisch äußerst unklug, sich England zum Feind machen, wie sich bald zeigen sollte. Als Verbündete blieben dem Kaiserreich nur Österreich-Ungarn und Italien, während es ansonsten von Gegnern eingekreist wurde. Schon 1912 forderte Kaiser Wilhelm II. intensivere Kriegsvorbereitungen, während sein Chef des Generalstabes sogar davon sprach, einen Krieg, der an diesem Punkt für unvermeidlich gehalten wurde, so bald als möglich zu führen.

DIE URKATASTROPHE

Die Politik des Säbelrasselns blieb nicht folgenlos. Rivalisierende imperiale Mächte, alte Feindschaften und falsche Einschätzung der Situation führte 1914 direkt in die Katastrophe. Österreich-Ungarn hatte sich in die

Vorgänge im Balkan verwickeln lassen und am 28. Juni 1914 wurde der österreichische Thronfolger Franz Ferdinand gemeinsam mit seiner Frau Sophie in Sarajevo ermordet. Als Antwort stellte Österreich-Ungarn ein Ultimatum an Serbien, dass dieses unmöglich annehmen konnte: Österreichische Beamte sollten die Untersuchungen überwachen, Zensur jedweder Propaganda gegen Österreich-Ungarn müsse eingeführt werden und alle Unabhängigkeitsbestrebungen seien sofort zu unterlassen. Wie erwartet lehnte Serbien ab, woraufhin Österreich-Ungarn den Krieg erklärte. Zuvor hatte Kaiser Wilhelm II. Österreich-Ungarn seine Unterstützung zugesichert, egal wofür.

Am 01. August erklärte Deutschland Russland den Krieg, am 03. August Frankreich. Als die deutschen Truppen auf dem Weg nach Frankreich Belgien durchquerten, obwohl dieses neutral war, nahm England dies als Anlass, Deutschland ebenfalls den Krieg zu erklären. Aus einem lokalen Konflikt entwickelte sich der Erste Weltkrieg, die sogenannte Urkatastrophe des 20. Jahrhunderts. Die erste Welle der Kriegsbegeisterung riss ganze Schulklassen vom Klassenraum direkt in die Armee. Die Anwerber kamen kaum hinterher damit, die vielen Freiwilligen zu registrieren. Zuerst schien das Kaiserreich erfolgreich zu sein, dann stoppte der Vormarsch im Westen in einem grauenvollen Stellungskrieg, bei dem sich die Front kaum einen Meter vor oder zurück bewegte und jegliche Bewegung schließlich unter hohen Verlusten und Materialkosten stoppte. Schon 1916, zwei Jahre nach Kriegsbeginn, begann die Unterstützung der Bevölkerung zu schwinden, zumal nun auch die Lebensmittel knapp wurden und die Menschen im Reich hungerten.

1918 konnte schließlich im Osten mit Russland Frieden geschlossen werden, nachdem dieses sich in den Wirren der Oktoberrevolution verzehrt hatte und als Sowjetunion neu entstanden war. Im Westen wurden ebenfalls Friedensverhandlungen aufgenommen, während die Flotte einen letzten Befehl zum Auslaufen erhielt. Die Schiffe und Matrosen sollten lieber in einer letzten Seeschlacht gegen England untergehen, als im Hafen zu bleiben.

Die Befehlsverweigerung der Matrosen in Kiel führte schließlich zur Revolution: Die Arbeiter und Soldaten schlossen sich zusammen und beendeten die Monarchie endgültig. Es entstand eine Übergangsregierung und schließlich ein Reichsrätekongress, der zu Wahlen für eine verfassungsgebende Versammlung aufrief. Erstmals durften hier auch Frauen wählen. Die Aufstände und Kämpfe hielten aber an. Im Januar 1919 wurde der Spartakusaufstand blutig niedergeschlagen und seine Anführer Rosa Luxemburg und Karl Liebknecht ermordet. Aus den Wirren der Revolution, in der sogar zweimal eine Deutsche Republik ausgerufen wurde, entstand schließlich die Weimarer Republik.

Die junge Republik litt unter schwierigen Anfangsbedingungen: Die Wirtschaft lag am Boden, die Bürger hungerten. Im Versailler Vertrag hatte die Republik hohe Gebietsverluste hinnehmen müssen, zusätzlich zur Abrüstung und den finanziellen Reparationen. Besonders entzündeten sich die Gemüter daran, dass der Vertrag ein Eingeständnis forderte, dass das Kaiserreich der alleinige Urheber aller Schäden und Verluste sei. Diese damals sogenannte Kriegsschuldlüge war etwas mehr als 15 Jahre später mit ein Grund für die Vorbereitungen zum nächsten Weltkrieg.

Auch, nachdem der Friedensvertrag unterzeichnet war, kam die Weimarer Republik nicht zur Ruhe. Schon 1920 versuchte das Militär, gegen die Regierung zu putschen, traf jedoch auf starken Widerstand in der Bevölkerung. Im selben Jahr wurde der Ruhraufstand von der Regierung blutig beendet und 1921 und 1922 wurden Politiker für ihre Rolle in den Verhandlungen um den Versailler Vertrag ermordet. 1923 wurde die Republik von der großen Inflation fast vernichtet:

Reparationszahlungen an die Siegermächte des Ersten Weltkriegs, falsche Wirtschafts- und Finanzpolitik sowie die immer noch zu bezahlenden Kredite aus der Kriegsfinanzierung führten zu einem totalen Wirtschaftszusammenbruch und dem Verlust aller Geldreserven. Ebenfalls 1923 versuchte Adolf Hitler sich in München an die Macht zu putschen. Eine Währungsreform beruhigte

Ende 1923 sowohl die Inflation als auch den Ruhraufstand. Ein Jahr später regelte der Dawesplan die Reparationszahlungen, die die Weimarer Republik zu leisten hatte, und passte die Höhe der Zahlungen an die tatsächlichen wirtschaftlichen Verhältnisse des Staates an. Mit den Neuregelungen begannen auch ausländische Investoren, wieder Interesse an Deutschland als Wirtschaftsstandort zu zeigen. Außerdem endete mit der Aufnahme in den Völkerbund 1926 die lange Phase der außenpolitischen Isolation.

Kulturell waren die 20er-Jahre des 20. Jahrhunderts die goldenen Jahre. Theater, Literatur, darstellende Kunst und Malerei erlebten eine Blütezeit. Das neue Lebensgefühl nach dem schrecklichen Krieg und Hunger trug viel dazu bei. Verarbeitet wurde sowohl der Krieg selbst als auch das Leben danach.

Politisch zeichnete sich bereits die nächste Krise am Horizont ab. 1925 gewann Paul von Hindenburg die Wahl zum Reichspräsidenten. Dieser hatte zuvor die Dolchstoßlegende verbreitet, der zu Folge die deutsche Armee im Feld unbesiegt geblieben sei und nur durch den Dolchstoß linker Politiker aus der Heimat der Krieg verloren gegangen war. 1929 endete die Phase der relativen Ruhe mit dem Börsencrash und der Weltwirtschaftskrise. Um die Krise zu meistern, ernannte Hindenburg Heinrich Brüning zum Reichskanzler und setzte die Notverordnungen der Verfassung in Kraft: Brüning konnte nun ohne Wahl weiter regieren, Notverordnungen erlassen und den Reichstag auflösen. Politisches Chaos entstand. Brüning regierte zeitweise ohne Reichstag per Notverordnung bis zur nächsten Reichstagswahl durch. Schon 1930 wurde die NSDAP, die Nationalsozialistische Deutsche Arbeiterpartei, eine der stärksten Kräfte.

Nachdem Brüning weder die wirtschaftliche Rezession entschärfen konnte noch außenpolitisch erfolgreich gewesen war, entzog ihm Reichspräsident Hindenburg 1932 die Unterstützung und ernannte Franz von Papen zum Reichskanzler. Von Papen, ein entschiedener Gegner der Demokratie, berief als seine Minister fast ausschließlich Adelige, was die bürgerlichen Wähler und die Arbeiter noch weiter in die Extreme trieb. Nachdem er die Regierung abgesetzt hatte und von Hindenburg zum Reichskommissar ernannt worden war, versuchte er, seine Notverordnungen im Reichstag durchzusetzen. Diese Verordnungen wurden vom Reichstag mit vernichtender Mehrheit zurückgewiesen, sodass von Papen den Reichstag mehr als einmal auflöste und neu wählen ließ. Mit jeder Wahl erstarkten die extremen Kräfte mehr, während die demokratischen Parteien kaum noch Stimmen auf sich vereinigen konnten.

Im November wurde die NSDAP das zweite Mal in Folge die stärkste Kraft im Reichstag. Von Papen wurde immer noch vom Reichstag mit Anlehnung gestraft, sodass Hindenburg Kurt von Schleicher zum Reichskanzler berief. Dieser versuchte, eine Querfront gegen die Nationalsozialisten zu bilden, war damit aber nicht erfolgreich. Hindenburg, der glaubte, dass der Extremist Adolf Hitler durch von Papen und den Politiker Hugenberg im Zaum gehalten würde, ernannte am 30. Januar 1933 Adolf Hitler zum letzten Reichskanzler der Weimarer Republik.

DIE WELT IN BRAND

Dies war der Anfang von 12 Jahren nationalsozialistischer Herrschaft, die in Völkermord und der völligen Zerstörung Europas und Deutschlands endete. Die führenden Köpfe der NSDAP hatten die Pläne zur Erschaffung einer Diktatur bereits vorbereitet, sodass die Machtübernahme zügig ablaufen konnte. Binnen sechs Monaten wurde die Presse-, Meinungs- und Versammlungsfreiheit eingeschränkt, Gegner der Nationalsozialisten wurden in einer koordinierten Aktion verhaftet, das Ermächtigungsgesetz erlassen, der Verwaltungsapparat gleichgeschaltet und alle Parteien außer der NSDAP verboten oder aufgelöst. Die verhafteten Gegner wurden in Konzentrationslagern inhaftiert.

Die Gesellschaft wurde ebenfalls gleichgeschaltet. Der Propagandaapparat sprach von einer Volksgemeinschaft, die geschlossen ihre Ziele erreichen würde, wenn jeder seinen Teil beitrüge. Organisationen wie die Hitlerjugend, der Bund Deutscher Mädel, der Wehrdienst oder der Reichsarbeitsdienst sorgten dafür, dass Kinder und Jugendliche pausenlos der Propaganda ausgesetzt waren. Eine „Säuberung" der erlaubten Literatur und Kunst verhinderte, dass unerwünschtes Gedankengut öffentlich wurde. Auch die eigenen Reihen blieben nicht verschont: Im Juni und Juli 1934 wurde der Chef der Sturmabteilung (SA) der NSDAP zusammen mit einem Großteil seiner Führungskräfte von Mitgliedern der Schutzstaffel (SS) ermordet, angeblich, weil Röhm mit seiner SA einen Putsch gegen Adolf Hitler plante. Tatsächlich aber wollte Hitler nur seine Gegner aus dem Weg räumen lassen.

Am schlimmsten traf es die jüdischen Bürger Deutschlands. Schon 1933 wurde mit Boykott-Aktionen gegen ihre Geschäfte begonnen. Laut der NSDAP und Adolf Hitler waren die Juden schuld am Unglück Deutschlands und mussten deswegen aus dem Volk entfernt werden. 1935 verloren sie ihre Bürgerrechte. Ehen mit Nichtjuden wurden ihnen verboten. Kein Jude durfte mehr eine Beamtenstellung haben, das Wahlrecht wurde ihnen entzogen, jüdische Anwälte und Ärzte durften nicht mehr arbeiten. Verließ eine jüdische Familie Deutschland, ging ihr gesamter Besitz an das Deutsche Reich über. Effektiv verloren Juden damit alle Rechte. In der Reichspogromnacht 1938 wurden 1.400 Synagogen zerstört, jüdische Geschäfte geplündert und zerstört und jüdische Bürger misshandelt und getötet. Weitere von Diskriminierung betroffene Gruppen waren die Sinti und Roma,

Homosexuelle und Menschen mit Behinderungen. Sie alle wurden diskriminiert, inhaftiert und getötet.

1935 wurde das Saarland wieder in das Reich eingegliedert, 1936 das Rheinland und 1938 wurde Österreich an das Deutsche Reich angeschlossen. Alle diese Stationen auf dem Weg zu einem neuen großdeutschen Reich wurden als erfüllte Wahlversprechen Adolf Hitlers gefeiert. Auch die Tschechei und das Memelland wurden wieder in das Reich eingefügt. Dies waren die letzten kampflosen Expansionen. Am 01. September 1939 begann der Zweite Weltkrieg mit dem Angriff deutscher Truppen in Polen. Bis 1941 unterwarf das Deutsche Reich im sogenannten Blitzkrieg Polen, Frankreich, Norwegen und Dänemark. Bestätigt durch diese schnellen Siege fühlte Adolf Hitler sich sicher genug, am 22. Juni 1941 den Angriff auf seinen bisherigen Verbündeten, die Sowjetunion, zu beginnen.

Mit dem Überfall auf die Sowjetunion begann der sogenannte Kampf um Lebensraum im Osten. Laut Adolf Hitler benötigte das deutsche Volk mehr Raum, ums sich auszubreiten. Dieser Raum könne im Osten erobert werden. Die Bevölkerung dieses Lebensraumes sollte als Zwangsarbeiter den deutschen Eroberern dienen. Etwa 8 Millionen Menschen wurden als Zwangsarbeiter verschleppt. Die jüdische Bevölkerung wurde in Konzentrationslager verschleppt und entweder als Sklaven zu Tode gearbeitet, starb an Hunger und Krankheiten oder wurde ermordet. Auch die Juden aus dem Deutschen Reich wurden in Lager deportiert und dort ermordet. Bis Kriegsende wurden 6 Millionen Juden getötet.

Im Sommer 1942 ging die Schlacht um Stalingrad verloren. Dies gilt heute als Wendepunkt des Krieges. Die Armee geriet im Osten unter Druck, als die Sowjetische Rote Armee mit ihrer Gegenoffensive begann. In Nordafrika drängten die Briten das Afrikakorps zurück, landeten anschließend in Sizilien und setzten das mit Deutschland verbündete Italien unter Druck, sodass dieses im September 1943 einen Waffenstillstand mit den Alliierten, den USA, Großbritannien und Frankreich schloss. Damit verlor das Deutsche Reich seinen letzten Verbündeten im Westen und stand nun allein.

1944 schließlich landeten amerikanische und britische Kräfte in der Normandie in Frankreich. Zudem kam der Luftkrieg, den die deutschen Bomber seit Jahren auf England und Spanien hatten niedergehen lassen, nun zurück nach Deutschland: Spreng- und Brandbomben gingen auf deutsche Großstädte nieder, tausende Menschen starben oder verloren ihr Zuhause.

Auch in diesem Moment der drohenden Niederlage behielt die Geheimpolizei ihren Würgegriff um die Bevölkerung bei. Ein letztes Aufbäumen des deutschen Widerstandes gegen den Nationalsozialismus war das Attentat vom 20. Juli 1944. Das Bombenattentat blieb erfolglos, die Verschwörer wurden gefangengesetzt und größtenteils hingerichtet.

Inzwischen rückten von Westen die Alliierten und von Osten die Rote Armee immer weiter vor. Die deutsche Bevölkerung im Osten floh oder wurde vertrieben. 12 Millionen verloren ihre Heimat. Die letzte Schlacht um Berlin dauerte vom 16. April bis zum 02. Mai 1945, Adolf Hitler erschoss sich bereits am 30. April selbst. Am 08. Mai 1945 kapitulierte das Deutsche Reich bedingungslos. Wir feiern diesen Tag heute als den Tag der Befreiung vom Nationalsozialismus.

AUFBRUCH

Mit dem Ende des Nationalsozialismus beginnt die Besatzungszeit in Deutschland. Die sogenannte Stunde null sieht Deutschland am Boden: Millionen Menschen sind obdachlos, Millionen Kinder haben ihre Eltern verloren, die Wirtschaft existiert nur noch als ein Tauschmarkt. Ganze Städte sind zerstört, Millionen sind immer noch auf der Flucht oder auf der Suche nach vermissten Angehörigen, zudem sind immer noch Millionen Soldaten als Kriegsgefangene inhaftiert.

Auf der Potsdamer Konferenz entscheiden die Alliierten, wie es nun weitergehen soll: Deutschland wird aufgeteilt in Besatzungszonen. Ein Entnazifizierungsprogramm soll die Überreste des nationalsozialistischen Gedankenguts aus den Köpfen der Menschen holen. Entmilitarisierung und Demokratisierung sollen eine Wiederholung der Weimarer Republik verhindern. Industrielle Anlagen sollen demontiert und den Siegermächten übergeben werden, als zumindest anteiligen Ausgleich für die Kosten des Krieges. Vor allem in der sowjetischen Besatzungszone, aus der später die DDR hervorging, wurde die Demontage genutzt. Das Saar- und Ruhrgebiet wurde wieder von Deutschland abgetrennt und unter französische Verwaltung gestellt. Die Hauptverantwortlichen der Verbrechen, sofern sie lebend gefasst werden konnten, wurden in den Nürnberger Prozessen von 1945 bis 1949 angeklagt und verurteilt.

Der Gegensatz der Westmächte England, Frankreich und USA gegen die Sowjetunion im Osten wurde mit der Zeit immer stärker. Während die Westmächte auf Entnazifizierung, Demokratie und wirtschaftliche Unterstützung des Wiederaufbaus setzten, wurden in der sowjetischen Besatzungszone die sozialistischen Parteien KPD (Kommunistische Partei Deutschlands) und die SPD zwangsweise zur SED (Sozialistische Einheitspartei Deutschlands) vereinigt, und, nachdem diese in den ersten Wahlen keine Erfolge vorweisen konnte, demokratische Wahlen abgeschafft.

Im März 1948 wurden in London die Gründung eines deutschen Teilstaates vorbereitet. Die Sowjetunion schied daraufhin aus dem alliierten Kontrollrat aus und reagierte auf die Währungsreform im Westblock mit einer eigenen im Ostblock und in Ostberlin. Das alliiert besetzte Westberlin wurde außerdem abgeriegelt, sodass die Alliierten gezwungen waren, Berlin mit der sogenannten Berliner Luftbrücke über ein Jahr lang per Flugzeug zu versorgen.

Im Sommer 1948 schließlich wurden die Bedingungen der Westmächte für die Gründung eines westdeutschen Staates an die Ministerpräsidenten der westdeutschen Länder übergeben. Diese wiederum verweigerten sich der Gründung eines halbierten Deutschlands und waren nur dazu bereit, unter der Bedingung, dass das Ziel ein wiedervereinigtes Gesamtdeutschland sei. Das neue Grundgesetz der

Bundesrepublik Deutschland, das noch heute gilt, wurde am 23. Mai 1949 schließlich verkündet, während parallel im Osten Deutschlands Vorbereitungen für die Gründung eines ostdeutschen Staates liefen.

DIE BUNDESREPUBLIK

Erster Bundeskanzler der neuen Bundesrepublik Deutschland wurde Konrad Adenauer von der CDU. Ihm und seinem Kabinett stand eine Mammutaufgabe bevor: Die Wirtschaft musste neu nach den Grundsätzen einer sozialen Marktwirtschaft aufgebaut werden und immer noch fehlte es an Wohnraum nach den Zerstörungen des Krieges. Das sogenannte Wirtschaftswunder kam erst 1950 in Bewegung, nachdem die Korea-Krise den Export explodieren ließ und damit das Wirtschaftswachstum begann und auch anhielt.

Zusätzlich zu den politischen Schwierigkeiten musste sich die Regierung Adenauer mit den gesellschaftlichen Folgen des Krieges und der Zeit des Nationalsozialismus auseinandersetzen. Immer noch waren Soldaten in russischer Kriegsgefangenschaft und auch die vielen Flüchtlinge und Rückkehrer aus dem Exil mussten wieder in die Gesellschaft integriert werden. Zudem kämpfte Adenauer außenpolitisch für die

Souveränität der neuen Bundesrepublik. Erst 1955 erhielt Deutschland seine volle Eigenständigkeit zurück, die Alliierten behielten allerdings Vorbehaltsrechte. So blieben Truppen auf deutschem Boden stationiert und die Alliierten durften jederzeit auch ohne Zustimmung der deutschen Regierung mehr Truppen nach Deutschland verlegen. Ebenfalls 1955 erreichte Kanzler Adenauer die Rückkehr der letzten deutschen Kriegsgefangenen.

Mit den 60er-Jahren kamen Jahre der gesellschaftlichen Veränderung, revolutionäre Stimmung und Veränderung. 1961 löste der Prozess gegen Adolf Eichmann in Jerusalem und die sogenannten Auschwitz-Prozesse 1963 bis 1965 eine weitere Welle der Auseinandersetzung mit dem Nationalsozialismus aus. Nach der eher nachlässigen Durchführung der Entnazifizierung direkt nach dem Krieg sah sich der Bundestag 1965 gezwungen, die Verjährungsfrist für Verbrechen während der NS-Zeit zu verlängern.

Eine politische Erschütterung erlebte die Bundesrepublik durch den Bau der Berliner Mauer, die Ostberlin vollständig vom Westen abriegelte. Dabei standen sich 27. Oktober 1961 erstmals seit dem Krieg wieder Panzer in Berlin gegenüber: Am Checkpoint Charlie, einem der Grenzübergänge zwischen Ost- und

Westberlin, begegneten sich gefechtsbereite amerikanische und sowjetische Panzer. Gesellschaftlich erzwang die Studentenbewegung eine Auseinandersetzung mit Themen wie Frauenrechten und der NS-Vergangenheit auch in der eigenen Familie. Aus der studentischen Protestbewegung erwuchs die Rote-Armee-Fraktion, deren Terror erst 1993 endete.

Die Rote-Armee-Fraktion, RAF, verübte innerhalb von 25 Jahren 34 Morde und war verantwortlich für mehrere Geiselnahmen und Banküberfälle sowie Sprengstoffattentate. Trotz des einheitlichen Namens handelte es sich explizit nicht um eine einheitliche Gruppierung. Es werden drei Generationen unterschieden, die nicht oder nur teilweise aus denselben Personen bestanden. Zudem veränderten sich die Forderungen und das Gedankengut der Gruppe mit den Personen. Außer den aktiven Mitgliedern gab es immer auch Unterstützer, die Verstecke, Autos und Informationen zur Verfügung stellten. Nach vier ehemaligen Mitgliedern wird immer noch gefahndet, weitere drei gelten als vermisst. Der Jagd nach der RAF sorgte für die Entstehung der Rasterfahndung, bei der Daten verschiedener Behörden miteinander verglichen werden dürfen, sowie für verschiedene Anti-Terror-Gesetze. Ihren Höhepunkt erreichte der Terror durch die RAF im Herbst 1977, dem heute sogenannten Deutschen Herbst.

Ihre politische Auswirkung zeigten die Proteste in der ersten sozialdemokratischen Regierungsbeteiligung seit Gründung der Bundesrepublik von 1966 bis 1969 und dann 1969 der erste Bundeskanzler der SPD, Willy Brandt. Daraus folgten Gesetze zur Senkung des Wahlalters von 21 Jahre auf 18 Jahre, staatliche Förderung von Studenten und Studentinnen zur Verbesserung der Bildungsgerechtigkeit und eine Reform des Strafrechts. Nach der liberalen Regierung Brandts folgte unter Bundeskanzler Helmut Schmidt die Phase des Terrors der RAF und eine erste Rezession. Das andauernde Wirtschaftswachstum war beendet. Die Spannungen zwischen den Machtblöcken des Westens und des Ostens zeigten sich in häufigen Stellvertreterkriegen und gipfelten 1962 in der Kuba-Krise. Erstmals wurde den Menschen bewusst, wie gefährlich der mögliche Einsatz einer Atombombe sein könnte.

WIEDERVEREINIGUNG UND GEGENWART

1982 übernahm Helmut Kohl, CDU, das Bundeskanzleramt. Mit den Neuwahlen zog auch eine neue Partei in den Bundestag ein: die Grünen, eine Sammelpartei für Atomkraftgegner, Friedensaktivisten, Frauenrechtler und die Neue Linke. Wie wichtig eine solche Partei war, zeigte sich 1986. Im sowjetischen Tschernobyl ereignete sich ein Unfall im dortigen Atomkraftwerk. Der giftige Regen zog auch über Deutschland hinweg. Noch heute müssen in bestimmten Teilen des Landes geschossene Wildschweine oder gesammelte Pilze auf radioaktive Strahlung überprüft werden vor dem Verzehr.

Im selben Jahr ließ Bundeskanzler Helmut Kohl das Bundesumweltministerium schaffen. Außenpolitisch behielt Kohl die bewährte Anbindung an den Westen bei und arbeitete aktiv auf eine deutsche Wiedervereinigung hin. Diese kam 1989 mit dem Fall der Berliner Mauer. Die Unzufriedenheit der Bevölkerung in der DDR war über die Jahre gewachsen. Das gewaltsame Niederschlagen mehrerer Aufstände, die permanente Überwachung der Bürger durch die Staatssicherheit sowie der Mangel an Lebensmitteln und anderen

Produkten drängten die Menschen in den Protest. Tausende flohen, andere stellten Anträge auf legale Ausreise. 1989 eskalierte diese sogenannte Abstimmung mit den Füßen. Die Montagsdemonstrationen konnten immer mehr Menschen aufweisen und am 09. November 1989 erfolgte ein Massenansturm auf die Grenzübergänge. Der erste offiziell geöffnete Grenzübergang war die Bornholmer Straße in Westberlin.

Unter Zusammenarbeit der Regierung der Bundesrepublik unter Helmut Kohl, der Regierung der DDR unter Mitwirkung von Lothar de Maizière und verschiedenen Bürgerrechtlern ging die DDR in der Bundesrepublik auf. Am 03. Oktober 1990 war die Wiedervereinigung offiziell beendet. Das wiedervereinigte Deutschland zielte seine außenpolitischen Anstrengungen nun hauptsächlich auf Europa. Unter maßgeblicher Mitwirkung Deutschlands entstand die Europäische Union und mit ihr die ersten Pläne für die Einführung der Gemeinschaftswährung des Euro. Die neue, vollständige Souveränität – die Bedingung der Wiedervereinigung war erfüllt, der zusammenbrechende Ostblock stellte nun keine militärische Bedrohung mehr dar – sorgte für neue Verantwortlichkeiten der Bundesrepublik auch außerhalb der europäischen Politik. Erstmals seit dem Zweiten Weltkrieg befanden sich

1991 deutsche Soldaten auf ausländischem Gebiet. Seitdem hat die Bundeswehr sich an mehreren hundert humanitären, aber auch militärischen Einsätzen beteiligt.

1998 endete die Ära Kohl mit der Wahl Gerhard Schröders, SPD, zum Bundeskanzler. Unter Schröder wurde die Sozialgesetzgebung reformiert. Unsere heutigen Arbeitslosengesetze entstanden unter seiner Regierung, ebenso der Beginn des Atomausstiegs und die Einführung der Ökosteuer.

Schon 2005 wechselte die Regierung wieder, diesmal zurück zur CDU. Angela Merkel wurde die erste deutsche Bundeskanzlerin. Unter Ihrer Kanzlerschaft erlebte Deutschland die Wirtschaftskrise 2008 sowie die Flüchtlingskrise von 2015 und die Corona-Pandemie 2020/2021.

2008 brach die Weltwirtschaft ein, als die amerikanische Großbank Lehman Brothers unter dem Eindruck der Immobilienblase, also den künstlich hoch gehaltenen Preisen für Häuser, zusammenbrach. Einige Staaten mussten ihre Banken unterstützen, während andere Banken geschlossen wurden. Vor allem im Euro-Raum wirkte die Krise noch lange nach, besonders in Form der Diskussion um die Staatsschuldenhilfe für Griechenland. Die Flüchtlingskrise 2015 und 2016 beschreibt die Einreise von über einer Million

Schutzsuchenden nach Deutschland. Angela Merkels Satz „Wir schaffen das!" wurde wegweisend und löste eine erneute Diskussion über Asylrecht, Flüchtlingsrecht und Fluchtursachen und deren Bekämpfung aus. Seit 2020 steht die Innenpolitik im Zeichen der Covid-19-Pandemie. Ausgehend von China erreichte das Virus im Januar 2020 Deutschland. Seitdem starben trotz der beschlossenen Maßnahmen 90.000 Menschen bei insgesamt 3,7 Millionen Erkrankten.

Seit den ersten Anfängen eines Staatswesens in Form des Heiligen Römischen Reichs durchlebte das, was heute Deutschland ist, eine Vielzahl an Veränderungen. Geografisch wurde Deutschland größer und kleiner, bis es seine heutige Form erreichte. Die Gesellschaft veränderte sich, von der Staatsform ganz zu schweigen. Unsere Geschichte definiert uns bis heute, deshalb ist es wichtig, Geschichte nie zu vergessen – aber auch nach vorne zu schauen.

Herstellung und Verlag:
BoD – Books on Demand, Norderstedt
ISBN: 9783754331811

1. Auflage
Kontakt: Psiana eCom UG/ Berumer Str. 44/ 26844 Jemgum
Covergestaltung: Fenna Larsson
Coverfoto: depositphotos.com

CPSIA information can be obtained
at www.ICGtesting.com
Printed in the USA
LVHW091941261121
704539LV00009B/1180